Feast Days & Holy Days
Coloring & Activity Book

Días Festivos de la Iglesia
Libro para Colorear con Actividades

Written by Mary Elizabeth Tebo, FSP, and Kathryn James Hermes, FSP

Illustrated by Virginia Helen Richards, FSP

Translated by M. T. Pompei

Pauline
BOOKS & MEDIA
Boston

First Sunday of Advent!

We begin the new Church year with the first Sunday of Advent. This is a time to pray, to wait, and to prepare for the birth of our Savior on Christmas Day. Come, Lord Jesus!

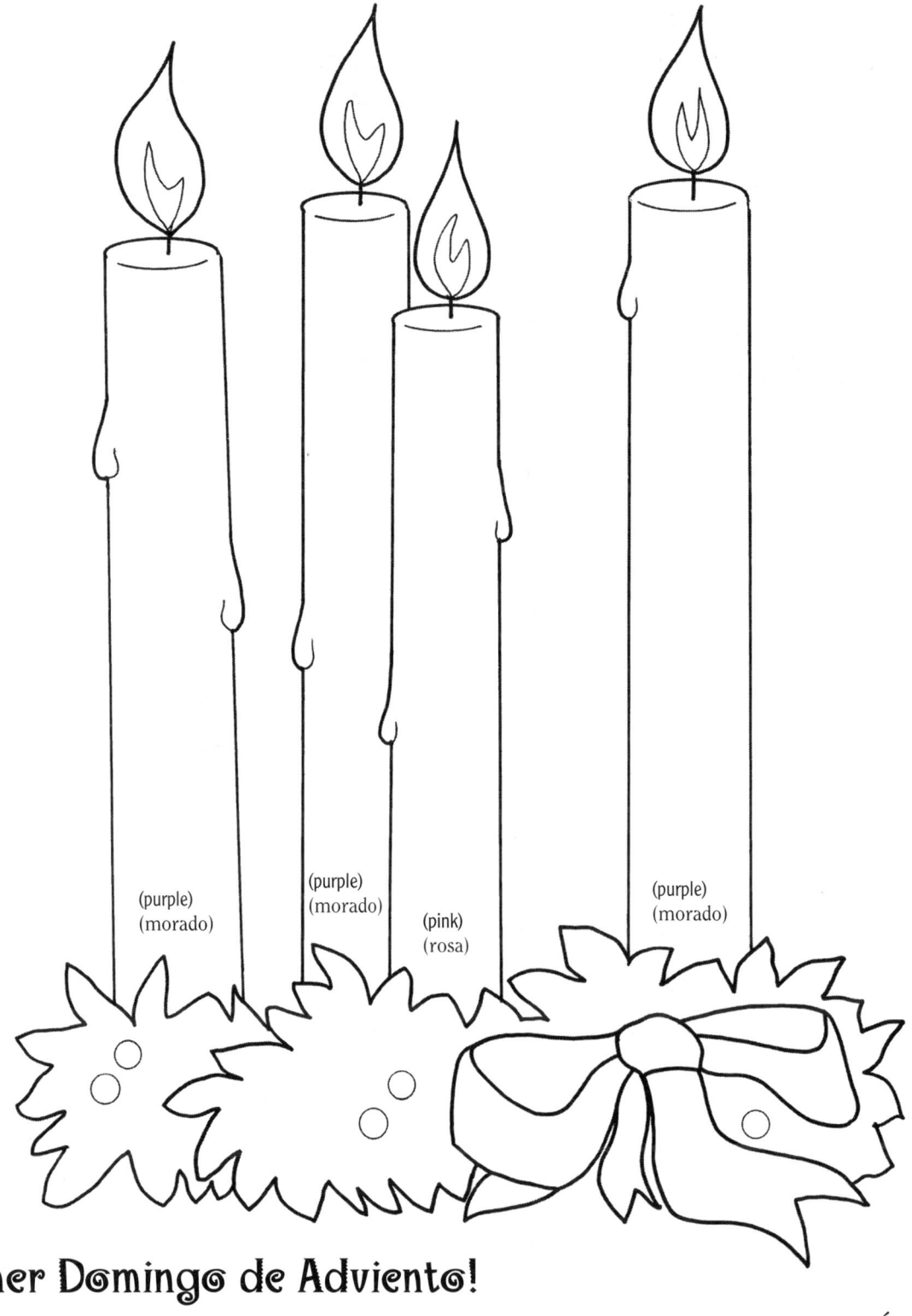

(purple) (morado)
(purple) (morado)
(pink) (rosa)
(purple) (morado)

¡Primer Domingo de Adviento!

Comenzamos el nuevo año de la Iglesia con el primer domingo de Adviento. Éste es un tiempo de oración, de espera y de preparación para el nacimiento de nuestro Salvador el día de Navidad. ¡Ven, Señor Jesús!

Immaculate Conception of Mary! December 8

We honor Mary. Mary was conceived without sin. She always said "yes" to God.

¡La Inmaculada Concepción de María! 8 de diciembre

Honramos a María, quien fue concebida sin pecado original. Ella siempre dijo "sí" a Dios.

Christmas! December 25

Today we celebrate the birth of Jesus, the Son of God. He became man to save us from sin and death. The joy of Christmas can last all year long!

¡Navidad! 25 de diciembre

Este día celebramos el nacimiento de Jesús, Hijo de Dios. Él se hizo hombre para salvarnos del pecado y de la muerte. ¡La alegría de la Navidad debe durar todo el año!

Holy Family! Sunday after Christmas or, if Christmas is on a Sunday, on December 30

We celebrate the Holy Family of Jesus, Mary, and Joseph. They were very happy together.

¡La Sagrada Familia! El domingo después de Navidad o, si la Navidad cae en domingo, el 30 de diciembre

Celebramos la Santa Familia de Jesús, María y José. Ellos fueron muy felices juntos.

Mary, Mother of God! January 1

We honor Mary, the Mother of God. Her Son Jesus is truly God. He is God the Father's Son and the Second Person of the Holy Trinity.

¡María, Madre de Dios! 1° de enero

Honramos a María, la Madre de Dios. Su Hijo Jesús es Dios verdadero. Él es el Hijo de Dios Padre y la Segunda Persona de la Santísima Trinidad.

Epiphany! The Sunday between January 2 and January 8

We celebrate the visit of the three wise men from far away. They came to adore Jesus and bring him gifts. Jesus came to save everybody.

¡Epifanía! El domingo entre el 2 y el 8 de enero

Celebramos la visita de los tres Reyes Magos que viajaron desde muy lejos. Ellos llegaron a adorar a Jesús, presentándole regalos. Jesús vino a salvar a todos en el mundo.

Baptism of the Lord! The Sunday after January 6

We celebrate the baptism of Jesus in the Jordan River by John the Baptist. The Holy Spirit came down upon Jesus. God the Father said: "This is my beloved Son."

¡El Bautismo del Señor! El domingo después del 6 de enero

Celebramos el bautismo de Jesús en el Río Jordán por Juan Bautista. El Espíritu Santo descendió sobre Jesús. Dios Padre dijo: "Este es mi Hijo amado."

Presentation of the Lord! February 2

Forty days after Christmas we celebrate the day Mary and Joseph presented Baby Jesus in the Temple of Jerusalem. Simeon recognized Jesus as the Savior.

¡Presentación del Señor! 2 de febrero

Cuarenta días después de Navidad celebramos el día en que María y José presentaron al Niño Jesús en el Templo de Jerusalén. Simeón reconoció a Jesús como el Salvador.

Ash Wednesday! The first day of Lent

Lent is a special time to get ready for Easter. We remember Jesus' suffering and death. Today we receive ashes to remind us to be sorry for our sins.

¡Miércoles de Ceniza! El primer día de la Cuaresma

La Cuaresma es un tiempo de preparación para la Pascua. Recordamos los sufrimientos y muerte de Jesús. Este día recibimos la ceniza para recordarnos el dolor que debemos tener por nuestros pecados.

St. Joseph, the Husband of Mary! March 19

We honor St. Joseph. God the Father chose him to be Jesus' foster father on earth. He protected Jesus and Mary.

¡San José, Esposo de María! 19 de marzo

Veneramos a San José. Dios Padre lo escogió para ser padre adoptivo de Jesús en la tierra. El protegió a Jesús y a María.

Annunciation! March 25

God sent the angel Gabriel to ask Mary to be the mother of his Son! Mary said "yes" to God.

¡La Anunciación! 25 de marzo

¡Dios envió al ángel Gabriel para pedirle a María que fuera la madre de su Hijo! María dijo "sí" a Dios.

Passion Sunday (Palm Sunday)! The Sunday before Easter Sunday

We begin Holy Week. Riding on a donkey, Jesus entered the city of Jerusalem. Many people surrounded him, welcoming him and waving palms.

¡Domingo de Pasión (Domingo de Ramos)! El domingo antes del Domingo de Pascua

Comenzamos la Semana Santa. Montado en un burro, Jesús entró en la ciudad de Jerusalén. Mucha gente lo rodeó, acogiéndole y agitando palmas.

Holy Thursday! The Thursday after Palm Sunday

The night before he died, Jesus shared a special meal with his friends. He changed the bread and wine into his Body and his Blood! The bread still looked like bread, and the wine still looked like wine. But they were truly his Body and his Blood!

¡Jueves Santo! El jueves después del Domingo de Ramos

En la noche anterior a su muerte, Jesús compartió con sus amigos una comida especial. ¡El cambió el pan y el vino en su Cuerpo y en su Sangre! El pan todavía parecía pan y el vino siguió pareciendo vino, pero ellos se habían convertido ¡en su Cuerpo y en su Sangre!

Good Friday! **The Friday after Palm Sunday**

This is the saddest day in the world. Jesus suffered and died on the cross to save us from our sins. Thank you, Jesus, for loving us. We love you!

¡Viernes Santo! **El viernes después del Domingo de Ramos**

Éste es el día más triste del mundo. Jesús sufrió y murió en la cruz para salvarnos de nuestros pecados. Gracias, Jesús, por amarnos tanto. ¡Nosotros te amamos también!

Easter Sunday! The Resurrection of Jesus Christ

This is the greatest feast of the year. Jesus rose from the dead. Jesus is God. Alleluia!

¡Domingo de Pascua! La Resurrección de Jesucristo

Ésta es la fiesta más grande del año. Jesús resucitó de entre los muertos. Jesús es Dios. ¡Aleluya!

Divine Mercy Sunday! The Sunday after Easter

Jesus is very merciful. He loves us and forgives our sins. We can tell others about his mercy. Jesus, we trust in you!

¡Domingo de la Divina Misericordia! El domingo después del Domingo de Pascua

Jesús es muy misericordioso. Él nos ama y perdona nuestros pecados. Debemos hablarles a los demás sobre su misericordia. ¡Jesús, confiamos en tí!

Ascension! Forty days after Easter or the Sunday before Pentecost Sunday

The risen Jesus returned in glory to his Father in heaven. Jesus promised that he would be with us always—even until the end of the world!

¡La Ascensión! Cuarenta días después de la Pascua o el domingo anterior a Pentecostés

Jesús resucitado regresó a la gloria de su Padre en el cielo. Jesús prometió que estaría siempre con nosotros—¡aún hasta el final del mundo!

Pentecost! The Sunday seven weeks after Easter

After the ascension of Jesus, Mary and some of Jesus' friends were praying together. The Holy Spirit came to them and filled them with God's gifts.

¡Pentecostés! El domingo en que se cumplen siete semanas después de la Pascua

Después de la ascensión de Jesús, María y algunos de los amigos de Jesús se habían reunido para orar juntos. El Espíritu Santo descendió sobre ellos y les llenó de los dones de Dios.

Holy Trinity! The Sunday after Pentecost

This mystery of one God in three divine Persons—the Father, his only Son Jesus, and the Holy Spirit—is called the Holy Trinity.

¡La Santísima Trinidad! El domingo después de Pentecostés

Al misterio de un solo Dios en tres Personas divinas—el Padre, su único Hijo Jesús y el Espíritu Santo—se le llama la Santísima Trinidad.

Body and Blood of Christ! Sunday after Trinity Sunday

At Mass the bread and wine become Jesus' Body and Blood. We go up to receive Jesus at Communion time. Jesus, we love you!

¡El Cuerpo y Sangre de Cristo! El domingo después de la fiesta de la Santísima Trinidad

En la Santa Misa el pan y el vino se convierten en el Cuerpo y la Sangre de Jesús. Nos acercamos a recibir a Jesús en el momento de la Comunión. ¡Jesús, te amamos!

Sacred Heart of Jesus! Friday following the second Sunday after Pentecost

Jesus' Heart is full of love for everyone. We love Jesus, too, and pray for those people who don't accept his love.

¡El Sagrado Corazón de Jesús! El viernes que sigue al segundo domingo después de Pentecostés

El Corazón de Jesús está lleno de amor por cada uno de nosotros. Nosotros amamos a Jesús y le pedimos por todos aquéllos que no aceptan su amor.

Birthday of St. John the Baptist! June 24

The angel Gabriel told Zechariah that he and his wife Elizabeth would have a baby named John. John would help people turn back to God. John was the cousin of Jesus.

¡Nacimiento de San Juan Bautista! 24 de junio

El ángel Gabriel dijo a Zacarías que él y su esposa Isabel tendrían un hijo a quien llamarían Juan. Juan ayudaría a la gente a volver sus corazones a Dios. Juan era primo de Jesús.

St. Peter and St. Paul! June 29

Jesus chose Peter to be the leader of his Church. He sent Paul to travel around the world and tell all people about the Good News of Jesus.

¡San Pedro y San Pablo! 29 de junio

Jesús escogió a Pedro para ser la cabeza de su Iglesia. Envió a Pablo para viajar alrededor del mundo y hablar a todos los pueblos acerca de la Buena Noticia de Jesús.

Transfiguration! August 6

One day, Jesus went up a mountain with some friends. His face and clothes became very bright. God the Father said: "This is my Son, listen to him!" Moses and Elijah were there, too.

¡Transfiguración del Señor! 6 de agosto

Cierto día, Jesús subió a una montaña con unos de sus amigos. Su rostro y sus vestiduras se volvieron muy brillantes. Se oyó la voz de Dios Padre que dijo: "Este es mi Hijo, escúchenle!" Moisés y Elías estaban allí también.

Mary's Assumption into Heaven! August 15

At the end of Mary's life, God took her to heaven, body and soul. She is happy forever with Jesus. She prays for all of us. Mary is our mother!

¡La Asunción de María al Cielo! 15 de agosto

Al final de su vida, Dios llevó a María al cielo, con su cuerpo y su alma. Ella está allí para siempre con Jesús. Ella intercede por todos nosotros. ¡María es nuestra madre!

Birthday of Mary! September 8

Mary is very special. Her parents were known as Joachim and Ann. They loved her very much. Happy Birthday, Mary!

¡El Nacimiento de María! 8 de septiembre

María es alguien muy especial. Sus padres eran conocidos como Joaquín y Ana. Ellos la amaban muchísimo. ¡Feliz Cumpleaños, María!

All Saints! November 1

Saints are God's special friends in heaven. They love God very much. There are too many of them to list! Today we celebrate all of them.

¡Fiesta de Todos los Santos! 1° de noviembre

Los santos son amigos especiales de Dios en el cielo. Ellos aman mucho a Dios. Hay tantos santos que no se pueden detallar. Este día los celebramos a todos juntos.

All Souls! November 2

On this day, we pray for the people who have died, especially our relatives and friends.

¡Fiesta de Todos los Difuntos! 2 de noviembre

En este día oramos por todos aquéllos que murieron, especialmente nuestros parientes y amigos.

Christ the King! Sunday in November

On the last Sunday of the liturgical year, we celebrate Jesus Christ, the King of the universe! He conquered sin and death. Jesus will rule forever!

¡Cristo Rey! Domingo en noviembre

En el último domingo del calendario del año litúrgico, celebramos a ¡Jesucristo, Rey del universo! Él venció el pecado y la muerte. ¡Jesús reinará para siempre!

Can You Remember? ¿Puedes Acordarte?

Draw a line from the feast day to the correct explanation.
Dibuja una línea del día festivo a la explicación correcta.

1. **Good Friday**
   Viernes Santo

2. **Epiphany**
   Epifanía

3. **Christmas**
   Navidad

4. **Ash Wednesday**
   Miércoles de Ceniza

5. **Holy Trinity**
   La Santísima Trinidad

6. **All Souls**
   Fiesta de Todos los Difuntos

7. **Annunciation**
   La Anunciación

8. **Easter Sunday**
   Domingo de Pascua

9. **Pentecost**
   Pentecostés

10. **Ascension of the Lord**
    La Ascensión del Señor

A. We pray for the people who have died.
   Oramos por todos aquéllos que murieron.

B. We celebrate the mystery of one God in three divine Persons.
   Celebramos el misterio de un solo Dios en tres Personas divinas.

C. Jesus returned in glory to his Father.
   Jesús regresó a la gloria de su Padre.

D. We celebrate the birth of Jesus, the Son of God.
   Celebramos el nacimiento de Jesús, Hijo de Dios.

E. The three wise men came to adore Jesus.
   Los tres Reyes Magos llegaron a adorar a Jesús.

F. This day is the first day of Lent.
   Este día es el primer día de la Cuaresma.

G. Jesus suffered and died on the cross.
   Jesús sufrió y murió en la cruz.

H. Jesus rose from the dead.
   Jesús resucitó de entre los muertos.

I. Mary said "yes" to God.
   María dijo "sí" a Dios.

J. The Holy Spirit came to Jesus' friends.
   El Espíritu Santo descendió sobre los amigos de Jesús.

Answers/Respuestas: 1.G, 2.E, 3.D, 4.F, 5.B, 6.A, 7.I, 8.H, 9.J, 10.C

Background Page for Parents

The calendar year begins on January 1. The school year begins in August or September. The Church has its own year, too. It is called the *liturgical year*. During the liturgical year, we celebrate special days in honor of Jesus, Mary, and the saints.

We call some celebrations *holy days of obligation*. A holy day of obligation is a feast day that all Catholics are called to celebrate by taking part in the Eucharist (going to Mass). Joining together at Mass, we praise, adore, and thank God for all the wonderful and good things he does for us. Even when a certain feast day is not a holy day of obligation, the Church encourages us to participate in the Mass that day to honor the feast or the saint being celebrated.

Every Sunday of the year is a holy day of obligation. Other holy days are celebrated according to the needs of the people and the decision of the bishops in each country. Sometimes there are changes—for example, when a holy day falls on a weekend. So it's always important to check the parish bulletin for the Mass schedule for holy days. Unless the bishop of a diocese decides otherwise, the holy days of obligation in the United States are as follows:

Mary, Mother of God—January 1st

Ascension of Our Lord—forty days after Easter, or in some dioceses, the Sunday before Pentecost Sunday

Assumption of the Blessed Virgin Mary—August 15

All Saints' Day—November 1

Immaculate Conception of Mary—December 8

Christmas—December 25

Unless otherwise decided by the local bishop, the holy days of obligation in Canada are:

Mary, Mother of God—January 1

Christmas—December 25

Página informativa para los Padres de Familia

El calendario del año comienza el 1° de enero. El año escolar comienza en agosto o septiembre. La Iglesia también tiene su propio calendario. A éste se le llama *año litúrgico*. Durante el año litúrgico celebramos días especiales en honor de Jesús, María y los santos.

A algunas de estas celebraciones las llamamos *fiestas de precepto*. Una fiesta de precepto es un día en que los católicos deben participar en la Eucaristía (asistiendo a la Santa Misa). Al reunirnos en la Misa, alabamos, adoramos y damos gracias a Dios por todas las buenas y maravillosas cosas que él hace por nosotros. Aun cuando un determinado día de fiesta no sea día de obligación, la Iglesia nos invita a participar en la Misa de ese día en honor a la fiesta que se está celebrando o al santo cuya memoria se honra.

Cada domingo del año es un día de obligación. Otras fiestas de precepto se celebran en cada país de acuerdo con las necesidades de los fieles y la decisión de sus respectivos obispos. Algunas veces se efectúan cambios—por ejemplo, cuando un día de obligación cae en un fin de semana. Por esta razón es siempre importante verificar en el boletín de la parroquia el programa de Misas para esos días de fiesta. Salvo que el obispo de una diócesis decida lo contrario, los días de obligación en los Estados Unidos son los siguientes:

María, Madre de Dios—1° de enero

Ascensión del Señor—cuarenta días después de la Pascua o, en algunas diócesis, el domingo anterior a Pentecostés

Asunción de la Santísima Virgen María—15 de agosto

Fiesta de Todos los Santos—1° de noviembre

Inmaculada Concepción de María—8 de diciembre

Navidad—25 de diciembre

Salvo decisión contraria por parte del obispo local, los días de obligación en Canadá son:

María, Madre de Dios—1° de enero

Navidad—25 de diciembre